Philipp Zimmermann

Spaniens Militär während der Franco-Diktatur und der Transición

GRIN Verlag

Bibliografische Information der Deutschen Nationalbibliothek:

Die Deutsche Bibliothek verzeichnet diese Publikation in der Deutschen National-
bibliografie; detaillierte bibliografische Daten sind im Internet über http://dnb.d-
nb.de/ abrufbar.

Dieses Werk sowie alle darin enthaltenen einzelnen Beiträge und Abbildungen
sind urheberrechtlich geschützt. Jede Verwertung, die nicht ausdrücklich vom
Urheberrechtsschutz zugelassen ist, bedarf der vorherigen Zustimmung des Verla-
ges. Das gilt insbesondere für Vervielfältigungen, Bearbeitungen, Übersetzungen,
Mikroverfilmungen, Auswertungen durch Datenbanken und für die Einspeicherung
und Verarbeitung in elektronische Systeme. Alle Rechte, auch die des auszugsweisen
Nachdrucks, der fotomechanischen Wiedergabe (einschließlich Mikrokopie) sowie
der Auswertung durch Datenbanken oder ähnliche Einrichtungen, vorbehalten.

Impressum:

Copyright © 2004 GRIN Verlag GmbH
Druck und Bindung: Books on Demand GmbH, Norderstedt Germany
ISBN: 978-3-640-61183-6

Dieses Buch bei GRIN:

http://www.grin.com/de/e-book/24581/spaniens-militaer-waehrend-der-franco-
diktatur-und-der-transicion

GRIN - Your knowledge has value

Der GRIN Verlag publiziert seit 1998 wissenschaftliche Arbeiten von Studenten, Hochschullehrern und anderen Akademikern als eBook und gedrucktes Buch. Die Verlagswebsite www.grin.com ist die ideale Plattform zur Veröffentlichung von Hausarbeiten, Abschlussarbeiten, wissenschaftlichen Aufsätzen, Dissertationen und Fachbüchern.

Besuchen Sie uns im Internet:

http://www.grin.com/

http://www.facebook.com/grincom

http://www.twitter.com/grin_com

Spaniens Militär während
der Franco-Diktatur und der Transición

Referat

Philipp Zimmermann

Historisches Seminar der Universität Zürich

WS 2003/04

Kolloquium "Der Übergang Spaniens zur Demokratie (1975–1982)"

Inhaltsverzeichnis

1. Das Militär zur Franco-Zeit (1939–1975)

Da das spanische Militär aus einem langen und grausamen Bürgerkrieg hervorging, in dem die demokratische Linke (liberaler oder sozialistischer Orientierung) besiegt worden war, herrschte in den Nachkriegsjahren in ihm eine politische Ideologie betont konservativer und reaktionärer Prägung. Die ideologisch motivierten Kriegshandlungen führten zu einer weitgehenden Identifikation der Streitkräfte mit Francos politischen Zielen.

Dazu kam, dass im und nach dem Bürgerkrieg ca. 5000 Berufssoldaten, die auf der Seite der Republik gekämpft hatten, füsiliert, ins Exil getrieben, eingekerkert oder aus der Armee ausgestossen wurden. Weiter verstärkt wurde die Rechtslastigkeit der Armee dadurch, dass nach dem Krieg über 10'000 provisorische Fähnriche, die im Krieg kurzerhand zu Offizieren ernannt worden waren und hauptsächlich rechtsextremen Parteien angehörten, ins Offizierkorps aufgenommen wurden. Das Offizierkorps wuchs denn auch zwischen 1940 und 1945 von 15'000 auf 25'000 Mann an.

Nach dem Bürgerkrieg machte Franco das Militär seinem Regime dienstbar, auch um seine Popularität zu steigern. Neben den verschiedenen Polizeikräften (Guardia Civil, Policia Armada, Cuerpo General de Policia) übertrug er auch den Streitkräften den Schutz der Staatssicherheit, der öffentlichen Institutionen und der gesellschaftlichen Ordnung. Die Militärgerichtsbarkeit etwa erstreckte sich auch auf zivile (politische) Vorgehen. Die Streitkräfte wurden somit instrumentalisiert, um jeglichen Protest aus den Reihen der Arbeiterschaft oder der Studenten zu unterdrücken. Nach Ausbruch des Zweiten Weltkrieges liess Franco wegen der besonderen Beziehungen zu Nazi-Deutschland Grösse und Kampfkraft des Militärs intakt. Dies änderte sich erst um 1945, wenn auch Guerilla-Gruppen, die seit 1944 auftauchten, diesen Prozess verzögerten. Die Hinwendung des Regimes zu vordringlichen wirtschaftlichen und organisatorischen Aufgaben verringerte den Stellenwert des Militärs. Sowohl die finanziellen Zuwendungen als auch die Einflussmöglichkeiten hoher Offiziere im Rahmen der Regierung wurden allmählich und in undramatischer Weise eingeschränkt.

Franco konnte sich auch weiterhin auf die Loyalität des Militärs verlassen, und dies nicht zuletzt dank bestimmter Privilegien. Die militärische Führung genoss – dank der unermüdlichen Arbeit der franquistischen Presse – ein grosses Sozialprestige, ranghohe Generäle wurden mit Kabinettsposten oder Adelstiteln ausgezeichnet. Ausser den Ministern der drei Teilstreitkräfte (Heer, Luftwaffe, Marine) haben hohe Offiziere zeitweise auch das Innen-, Aussen-, Industrie- und Transportministerium geführt. Von den 114 Ministern Francos waren 40 Militärs, die Zahl der aus dem Militär stammenden Ständeabgeordneten, betrug insgesamt 955. Nach Beendigung der Dienstzeit erhielten führende Generäle gutbezahlte Posten in den Verwaltungs- und Aufsichtsräten der staatlichen Unternehmen, etwa beim Fernmeldeunternehmen Telefonica oder bei der staatlichen Fluggesellschaft Iberia.

Die politische Einstellung der Offiziere, die auf Francos Seite im Bürgerkrieg gekämpft hatten, wurde dem militärischen Nachwuchs an den Militärakademien vermittelt. Drei Viertel derjenigen, die eine militärische Laufbahn einschlugen, waren Söhne von Offizieren, die am Bürgerkrieg teilgenommen hatten. Aufgrund des familiären Umfelds überrascht es nicht, dass sie pro-franquistisch eingestellt waren. Erwähnenswert dabei ist noch die Herkunft der jungen Kadetten. Die überwiegende Mehrheit stammte aus Madrid, ferner aus Zaragoza, Burgos und La Coruña. Dagegen finden sich kaum Offiziersanwärter aus dem Baskenland, aus Katalonien oder Asturien. Ein Indiz für die verbreitete Ablehnung der Streitkräfte bei der Bevölkerung jener Regionen, die durch das Franco-Regime am stärksten unterdrückt wurden.

Den Offiziersanwärtern wurden eigenwillige historische und politische „Erklärungen" vermittelt. Die „Ideologie der Demokratie" wurde für das Chaos während der Zeit der Republik verantwortlich gemacht. Und aus diesem Chaos sei Spanien erst durch den von Franco geführten „Nationalen Kreuzzug" herausgeführt worden. Verantwortlich gemacht für alle politischen Übel wurden ausser der Demokratie auch Liberalismus, Sozialismus, Kommunismus oder Protestantismus.

Die Weltanschauung der spanischen Militärs hat Franco überlebt und steht im Gegensatz zur progressiven Entwicklung innerhalb der spanischen Gesellschaft. Die

4

Gründe für diesen ideologischen Immobilismus liegen in der sozialen Situation der spanischen Militärs.

Der Selbstrekrutierungsgrad war aussergewöhnlich hoch, beim Heer etwa von 1964 bis 1968 knapp 80 Prozent, bei der Marine knapp 66 Prozent und bei der Luftwaffe ca. 56 Prozent. Auffällig dabei ist, dass vornehmlich die Kinder von Unteroffizieren eine Militärlaufbahn einschlagen, während die Söhne hochrangiger Militärs zunehmend eine Universitätsausbildung und damit Karriere im zivilen Leben einschlugen. Denn seit dem Ende des Zweiten Weltkrieges mit der beschleunigten Modernisierung bürgte eine Hochschulausbildung nicht nur für ein höheres Sozialprestige, sondern in der Regel auch für höhere Einkommen. Das zeigt, dass die Anziehungskraft des Offizierstandes für die oberen Gesellschaftsschichten erheblich zurückging, während sie für die unteren zunahm. Zum Phänomen der Selbstrekrutierung trug auch der hohe Grad an sozialer Endogamie bei, also dass viele Militärs die Töchter von Waffenbrüder heirateten.

Weiter zur sozialen Isolation beigetragen hat die Erziehung der angehenden Offiziere. Erstens fand sie in Internaten, also in Abgeschiedenheit und ohne Kontakt mit der Öffentlichkeit, statt. Zweitens trichterten die Lehrer den Aspiranten Werte ein, die sich von denen unterschieden, die man an Universitäten oder anderen pädagogischen Anstalten vermittelt bekam. Die Existenz von Wohnungen und ganzen Wohnblöcken für Militärs verhinderte jegliche Möglichkeit des Zusammenlebens mit anderen gesellschaftlichen Gruppen. Ledige Offiziere lebten aus finanziellen Gründen in Offiziersheimen, Verheiratete in Wohnhäusern für Militärs. 1976 lebten 40,21 Prozent der Berufssoldaten in solchen Wohnhäusern. 1983 betrug lag der Wert immer noch bei 37 Prozent.

Aber nicht nur der Dienst, auch weite Bereiche des privaten Lebens der Militärs fanden getrennt von der zivilen Gesellschaft statt, etwa die medizinische Versorgung durch Apotheken und in Militärkrankenhäusern. Militärs hatten Zugang zu besonderen Konsumvereinen (economatos militares), die Lebensmittel und Güter des täglichen Bedarfs zu niedrigen Preisen anboten. (Offiziere durften auch gewisse Waren ohne Steuern erwerben, die sie später auf dem Schwarzmarkt weiterverkauften.) Weiter existierte auch eine Militärseelsorge, und es wurden für den

Nachwuchs der Militärs eigene Schulhäuser, Kinderhorte und Kindergärten eingerichtet. 1982 bestanden immerhin 40 Schulanstalten, die dem Verteidigungsministerium unterstanden.

Ein weiterer wichtiger Aspekt ist die geographische Mobilität im Zusammenhang mit Dienstversetzungen. In Spanien kommt ein Soldat in 35 Dienstjahren im Durchschnitt auf 13 Bestimmungsorte. Das verhindert eine lokale Eingewöhnung und Verwurzelung.

Die normalen Gehälter der Offizieren sind jedoch in der gesamten Periode des Franquismus relativ niedrig geblieben. Eine Ausnahme bildeten die Bezüge der ranghöchsten Generäle, die aussergewöhnlich hoch waren. Dies wiederum führte dazu, dass alle Anstrengungen der Offiziere auf die Karriere und die Beförderung gerichtet waren, unter Vernachlässigung politischer Tätigkeit und Kritik am Regime.

In den 60er Jahren war auch das allgemeine Gehaltsniveau für Offiziere immer noch niedrig, während die tieferen Ränge ausgesprochen schlecht versorgt waren. Ein unverhältnismässig hoher Teil des Gesamtbudgets wurde durch die Bezüge der vielen Offizieren aufgebraucht. Gelände- und Kampfausbildung wurden vernachlässigt. Offizieren war es nicht nur erlaubt, sie wurden auch dazu ermutigt, Nebenbeschäftigungen (Phänomen der Mehrbeschäftigung) zur Aufbesserung ihres Einkommens nachzugehen. In der Franco-Zeit haben 16,6 Prozent ausschliesslich bei der Armee Dienst geleistet, 64,3 Prozent gingen einer zusätzlichen Arbeit nach.

Spätestens seit Ende 1963 ist eine fortschreitenden Abnahme von Bewerbungen für die Militärakademie und somit eine fallende Zahl von Offiziersanwärtern feststellbar. Seit 1960/65 hat sich bei den jungen Männern eine tendenziell demokratische, fortschrittliche und anti-nationalistische Gesinnung bei den jungen Männern im Dienstalter verbreitet, die den Werten der Disziplin und dem Lebensstil der militärischen Sphäre sehr kritisch, wenn nicht gar feindselig, gegenübersteht.

Doch auch das Sozialprestige nimmt ca. seit Mitte der 60er Jahre ab. In ländlichen Gebieten ist es höher als in städtischen, in den unteren sozialen Schichten höher als in den oberen, bei Frauen höher als bei Männern und bei Leuten mit niedrigem Bildungsniveau höher als bei Leuten mit Hochschulausbildung.

Eine Sache, die unter Franco niemals geändert wurde, war der rechtliche Status der Militärgerichte bei Verfahren gegen die politische Opposition. Während der mittleren Phase des Regimes wurden Oppositionelle zumeist vor Zivilgerichte gestellt, im Dezember 1957 jedoch wurde für sie ein „Militärsondergericht für subversive Aktivitäten" geschaffen. Ein späteres Dekret vom Dez. 1960 führte ein Gesetz aus dem Jahr 1943 wieder ein, in dem politisch motivierte Streiks, die Verbreitung von „falschen oder tendenziösen" Informationen sowie jeder Akt, der dem Prestige der Regierung, der Armee oder den Polizeibehörden abträglich war, als militärische Rebellion definiert wurden. Ein Dekret von 1963 .... Ein weiterer Schritt in der Entpolitisierung des Militärs.

2. Das Militär während der Transición (1975–1982)

Zwei Tage nach Francos Tod am 20. November 1975, wurde Juan Carlos zum König und Nachfolger Francos vereidigt. Juan Carlos hatte eine langjährige und intensive militärische Ausbildung unter Francos Leitung hinter sich gebracht und war 1969 von Franco zu seinem Nachfolger bestimmt worden. Juan Carlos verpflichtete sich verpflichtete, die Ideen Francos weiterzuführen. Bereits vor Francos Tod hatte er jedoch verkündet, eine demokratische Regierung einsetzen zu wollen. Durch die Bestimmung Francos waren die Streitkräfte Juan Carlos loyal gestimmt, bzw. sie wurden von Franco regelrecht darauf eingeschworen, dem König unbedingten Gehorsam zu leisten.

Die Streitkräfte haben die Restauration der Monarchie und den anschliessenden Demokratisierungsprozess deshalb akzeptieren können, weil dies keinen radikalen Bruch mit der Entwicklung des Franco-Regimes bedeutete und weil dieser Prozess innerhalb der Legalität geschah, welche die franquistische Herrschaft errichtet hatte. Ausserdem betrachteten die Militärs Francos Nachfolger Juan Carlos – nicht zuletzt wegen seiner mehrjährigen Ausbildung in der Armee – als „einen der ihren". Das Treuegelöbnis der Offiziere und der Soldaten wurde gegenüber dem neuen Staatschef, Juan Carlos I., im November 1975 reibungslos erneuert. Auch die späteren Regierungswechsel erfolgen immer mit einer rechtlichen Grundlage.

Während der Transición galt es nun, eine reibungslose Integration des Militärs in die demokratische Ordnung zu erreichen. Die Durchführung der Reformen fand nicht zuletzt deshalb schrittweise statt, um die konservativen Militärs an die neue Lage zu gewöhnen und die Annahme der Reformen so zu erleichtern. Deshalb wartete man auch lange mit den Reformen, welche die Streitkräfte selbst und deren bis dahin bestehenden Privilegien betrafen. Zugleich versuchte man auch, die Militärs möglichst nicht zu beunruhigen, was sich etwa in der Wortwahl spiegelte. Man sprach etwa nicht von „Militärreform", sondern von „Modernisierung".

Vermieden wurde auch Aktionen, die als Angriff auf die Institution des Militärs im Allgemeinen hätte ausgelegt werden können. Daher sprach sich das

Abgeordnetenhaus 1977 auch für eine weitgehende politische Amnestie für politische Vergehen in der Franco-Zeit aus.

Zunächst waren in der Regierung weiterhin überzeugte Franquisten im Amt, ab 1976 aber begann Juan Carlos langsam damit, die Regierung so umzustrukturieren, dass sie demokratiefreundlich gesinnt war und es überhaupt möglich war, die Demokratie samt Verfassung einzuführen. So setzte er 1976 den erst 43-jährigen Adolfo Suarez als neuen Regierungschef ein.

Bei der Reformierung der Streitkräfte griff die Regierung meist auf das Mittel von Dekreten zurück und verzichtete weitgehend auf Gesetze – Dekrete waren schneller, effizienter und bargen einen geringeren politischen Preis.

Nicht zuletzt galt es, die Streitkräfte wieder in ihre traditionellen Aufgabenbereiche zurückzubinden und sie also von politischen, polizeilichen und richterlichen Tätigkeiten, die sie während der Diktatur inne gehabt hatte, zu entbinden.

Mit der Einsetzung von Adolfo Suarez zum Regierungschef am 7. Juli 1976 setzte die Transición zwar ein, sie betraf die Streitkräfte vorläufig aber nicht. An der Spitze der Ministerien der drei Teilstreitkräfte standen nach wie vor jene Militärs, die bereits unter Carlos Arias Navarro das Amt übernommen hatten.

General de Santiago (y Diaz de Mendivil) blieb Stellvertretender Ministerpräsident, die Generäle Alvarez-Arenas und Iribarnegaray sowie Admiral Pita da Veiga standen unverändert den drei Militärministerien vor.

Im August 1976 trat Verteidigungsminister Santiago y Diaz de Mendivil aus Protest gegen den eingeschlagenen Demokratisierungskurs zurück, konkret der Absicht der Regierung, die gewerkschaftliche Freiheit anzuerkennen und die Gewerkschaften zu legalisieren. Die im Militär einsetzende Unruhe konnte im Oktober 1976 durch die Ernennung des liberalen Generals Gutierrez Mellado zum Stellvertretenden und für Verteidigungsfragen zuständigen Ministerpräsidenten beigelegt werden.

Diese Neubesetzung des wichtigsten militärischen Amtes sollte sich als entscheidend herausstellen, da Gutierrez Mellado somit die Streitkräfte kontrollieren und Angriffe aus den eigenen Reihen gegen die Transicion verhindern konnte. Hierzu begann er mit der Umbesetzung von wichtigen Militärposten mit Leuten, die der Demokratie nicht ablehnend gegenüberstanden.

Am 18. November 1976, bei der Verabschiedung des „Gesetzes über die politische Reform", stimmten 425 dafür, 53 dagegen, bei 13 Enthaltungen. Bezeichnend, dass unter den 53 Gegnern 15 Militärs sich befanden.

Ein weiterer Schritt in Richtung Entpolitisierung der Streitkräfte folgte am 9.11.1977 mit Real Decreto Ley 10/77, die es Angehörigen der Streitkräfte verboten, sich politisch oder gewerkschaftlich zu bestätigen. Einige Militärs mussten von ihrem Ämtern als Zivilgouverneure zurücktreten, ausserdem konnten sich Militärs somit nicht mehr wählen lassen.

Nach der Legalisierung der Kommunistischen Partei trat Admiral Pita de Veiga zurück als letztes Kabinettsmitglied, das noch von Franco selbst ernannt worden war.

Suarez fasste nach den ersten demokratischen Wahlen die drei militärischen Ministerien in eines zusammen und ernannte General Gutierrez Mellado zum Verteidigungsminister.

Die alten Generäle taten immer wieder ihren Unmut kund und übten immer wieder Druck auf die politische Führung aus. Im September 1977 verfassten sie etwa ein Manifest, in dem sie ihre Unzufriedenheit über die politische Entwicklung festhielten.

Im Oktober 1977 verhinderte das Offizierskorps, dass ein Amnestieprojekt des Parlaments auch die ehemaligen Kämpfer der Republik miteinschloss. Ausser Betracht blieb auch eine Handvoll jüngerer Militärs, die aus dem Dienst entfernt worden waren, weil sie eine Vereinigung demokratieorientierter Militärs (UMD – Union Militar Democratica) gegründet hatte.

3. Literaturverzeichnis:

Bernecker, Walther L.: Spaniens Geschichte seit dem Bürgerkrieg. 3. Auflage, München 1997.

Bernecker, Walther L./ Collado Seidel, Carlos: Spanien nach Franco. Der Übergang von der Diktatur zur Demokratie (1975-1982). München 1993.

Bernecker, Walther: Die Rolle des König Juan Carlos. In: Bernecker, Walther L./ Collado Seidel, Carlos: Spanien nach Franco. Der Übergang von der Diktatur zur Demokratie (1975-1982). München 1993, S. 150-170.

Busquets, Julio: Die Streitkräfte zwischen Diktatur und Demokratie. In: Bernecker, Walther L./ Collado Seidel, Carlos: Spanien nach Franco. Der Übergang von der Diktatur zur Demokratie (1975-1982). München 1993, S. 69-85.

Mansilla H. C. Felipe: Politik und Militär in Spanien. Wandlungsprozesse im militärischen Bereich. In: Peter Waldmann u.a.: Die geheime Dynamik autoritärer Diktaturen. München 1982, S. 1-59.

Payne, Stanley G.: Politics and the Military in Modern Spain. Stanford 1967.